AF509653

# VÉRITÉ
# SUR LA QUESTION DU THÉATRE

# VÉRITÉ

## SUR LA

# QUESTION DU THÉATRE

QU'EST-CE QUE LE GRAND ART? — POURQUOI LE RESTAURER?
COMMENT S'Y PRENDRE?

PAR

# ERNEST ALLARD

## PARIS

E. DENTU, ÉDITEUR

LIBRAIRE DE LA SOCIÉTÉ DES GENS DE LETTRES

PALAIS-ROYAL, 15-17-19, GALERIE D'ORLÉANS

—

1879

Tous droits réservés

# VÉRITÉ



# QUESTION DU THÉATRE

(τό καλον)

## QU'EST-CE QUE LE GRAND ART? — POURQUOI LE RESTAURER? — COMMENT S'Y PRENDRE?

> Notre avenir est dans nos mains : cet avenir sera ce que nous l'aurons voulu et fait. A côté du mâle exercice des armes, à côté d'une instruction judicieuse, l'art, favorisé dans son plus noble élan, retenu dans ses écarts par les élus de la liberté, deviendra un aide puissant pour répandre et favoriser le beau et le vrai.
>
> (Extrait d'une lettre sur la restauration du théâtre Historique, par M. *Ernest Allard* à MM. les Membres du Conseil Municipal de la la ville de Paris — 21 *avril* 1873.)

## I

### QU'EST-CE QUE LE GRAND ART ?

La vérité, en certaines circonstances, est la chose du monde la moins aisée à dire convenablement; ceux-là le savent bien qui se sont voués à son culte : qu'on nous pardonne donc si notre manière de l'exprimer n'est pas la meilleure.

D'abord, pour réduire la question à ses proportions exactes, nous constaterons qu'il ne s'agit ici que du drame historique. La comédie, telle que Molière l'a créée dans *Tartuffe*, *l'Avare*, *le Misanthrope*, telle que plusieurs l'ont parfois traitée de nos jours, est aussi du grand art. Mais la tragédie épique a ceci de plus que la comédie qu'elle peut, depuis les conquêtes du romantisme, et donner le tableau piquant, railleur, des mœurs, des ridicules, des vices, et retracer, dans toute sa majesté, le génie de l'histoire, l'idéal suprême d'un peuple.

Certains qui métamorphosent l'histoire en feuilletons, puis l'arrangent très habilement en dialogues pittoresques, fantaisistes, agrémentés de brillants décors, de pasquinades et de coups de fusils, s'imaginent faire du grand art et écrire de véritables drames historiques. Parce qu'ils ont compulsé un tas de bouquins, pris d'innombrables notes, construit un canevas compliqué, ménagé des surprises étonnantes, de saisissantes oppositions, amené, à force de supercheries, des situations extraordinaires, enfin composé un ragoût des plus épicés, de haut fumet, ils se croient des auteurs, tandis que ce ne sont en réalité que de simples gargotiers !

avec cette circonstance aggravante qu'ils détériorent le goût public, qu'ils habituent au déclamatoire, au tapageur, au faux, cette noble nation qui, jadis, depuis le petit commis, l'artisan, jusqu'au grand seigneur, aimait, appréciait, discutait même, Corneille et Racine. Alors, comme du temps des Grecs, chacun savait par cœur les beaux vers des tragiques et, de la mémoire, les fortes pensées, les sentiments sublimes passaient dans le cœur.

O tempora, ô mores.

Qu'il était profond ce mot de l'illustre soldat qui préféra si fatalement le rôle de César à celui de Washington : *si Corneille vivait de mon temps, je le ferais prince !* — Ce mot condense presque toute la philosophie de l'art.

Et cependant la formule étroite, forcée, sans naturel pour ainsi dire, où se mouvait l'auteur du *Cid* et des *Horaces*, ne pouvait suffire aux besoins d'imagination d'un peuple mobile, inquiet, avide de changements, d'horizons nouveaux de plus en plus larges et de réalité ! La poésie dramatique est tenue désormais de tout embrasser, le monde entier lui appartient, elle a des ressources infinies, elle veut la nature pour cadre : la peinture, l'architecture, l'archéologie, la physique, la musique viennent à son aide. Quelle heureuse époque pour l'art que celle où l'on dispose de tant de moyens pour l'illusion scénique, et quel malheur que ces ressources puissantes, admirables, soient le plus souvent appliquées mal à propos et deviennent peu à peu le principal de l'œuvre, laquelle tend à n'être plus que l'accessoire.

Pourtant rien ne serait plus aisé que de maintenir chaque chose à sa place et de conserver aux divers éléments du drame leur juste proportion dans le tout : il est vrai que pour cela, on devrait s'adresser à des auteurs complets.

L'auteur complet seul est capable de créer du grand art, d'écrire des œuvres dignes d'une nation aussi avancée, aussi intelligente, aussi sceptique même, oserai-je dire, que la nôtre : en effet, nous comprenons qu'après tout on dédaigne de faux grand art, et qu'on lui préfère des farces, des bouffonneries, des tableaux vivants et des scènes de voyage. Le faux grand art retracera l'histoire arrangée lâchement pour n'effaroucher personne, pour plaire à ceux-ci, ne pas déplaire à ceux-là. Cependant la vérité est une, si vous la rognez de droite ou de gauche, si vous lui coupez quelque membre essentiel, l'œuvre boîte, elle devient partiale ou équivoque ; cette vérité qui, comme une sève puissante, comme un sang généreux, circule dans la création organisée qu'on appelle un drame, appauvrie par ces mutilations, en tarissant la laisse incolore, sans vie, sans souffle, et alors il faut bien appeler au secours de la pièce, les pantalonnades, les trucs multipliés, les effets forcés, les banalités pathétiques ; et ces œuvres aplaties, qui n'ont pas d'ossature naturelle, mais un simple et grossier échafaudage se construisent indifféremment à trois ou quatre faiseurs : ce n'est plus qu'un métier où l'art n'a rien à voir.

C'est que pour édifier une véritable et belle tragédie historique, nombre de qualités innées et acquises sont indispensables à l'écrivain. Parmi bien des propos qui nous ont étonné, il y a cette idée qu'un jeune homme sortant du lycée pourrait se révéler tout à coup glorieusement comme auteur de tragédie historique.... Comme brillant rhéteur, oui !

Mais c'est un rôle gigantesque, savez-vous, que celui de poète épique, et vous croyez que le premier venu, sans études spéciales, approfondies, sans la science de l'art et de la vie, la pourra remplir pour doué qu'il soit d'imagination et même de sentiment?

L'histoire se révèle, se crée, se fixe sous trois formes dont la plus haute est la tragédie. Les chroniques, les mémoires, les archives constituent son premier degré ;

1.

le second se compose de la coordination résumée de ces matériaux primitifs : et, enfin, le troisième degré, conformément à une loi naturelle, nourri de cette sorte de *protoplasma* devient un être organique idéal, la tragédie, forme définitive et d'autant plus merveilleuse de l'histoire qu'en récréant le peuple qui n'a point le loisir de l'étudier sous ses formes étendues, elle l'instruit presque à son insu, le pénètre de sa substance philosophique, l'élève, l'agrandit, lui retrace, dans des tableaux saisissants de réalité esthétique, l'image de sa vie passée, dans ses pères, de ses destinées lointaines, lui donne même un pressentiment de l'avenir, et enfin dépose la sagesse dans son âme, car le fruit suprême de la vérité non émasculée, non faussée, impartiale, c'est la sagesse.

Mais pour que ce fruit de sagesse arrive à sa pleine et saine maturité, le poète dramatique devra lui-même être un penseur, un philosophe : s'il a beaucoup souffert; s'il a vu des malheurs publics immenses sur lesquels il aura médité ; s'il s'est trouvé longtemps mêlé, comme spectateur ou acteur, à l'infini des passions et des misères humaines ; s'il a pendant nombre d'années contemplé, admiré, aimé, sondé la nature; si dans sa recherche loyale, toujours inquiet de se tromper, il lui a demandé le secret des lois de toute création ; si, convaincu que d'une âme pure seulement peuvent jaillir les hautes pensées, les grands sentiments féconds, il a lutté avec persévérance contre les forces tyranniques, corrosives qui, du dedans et du dehors, attaquent l'âme et la veulent abaisser, détruire tout au long de la traversée terrestre, il n'en sera que mieux préparé.

Pour être vraiment digne d'écrire la tragédie nationale, il lui faudrait, comme l'aveugle de Chio, avoir erré sur les routes, avoir dormi sous le chaume hospitalier, avoir mangé et chanté à la table des rois comme Démodocus ; comme Shakspeare, qui connut l'extrême détresse, se mêla au populaire le plus grossier et fut aussi l'ami intime des plus grands seigneurs, il devrait avoir vécu de toutes les existences, avoir fréquenté l'homme dans toutes les conditions, enfin l'avoir étudié dans le livre même de la vie. Pauvre auteur celui-là qui ne connaît que ses bouquins et son coin de cité.

L'étude est longue et l'art est difficile : quelquefois pour acquérir les connaissances infinies et variées nécessaires à sa vocation, le poète jettera au gouffre santé, repos, illusions : demandez à Michel Cervantes de quel prix il a payé le talent qui lui a permis d'écrire *Don Quichotte*. Ce ne sont point les hommes de cabinet qui vous donneront certains chefs-d'œuvre, ce sont les aventuriers de l'idéal, ce sont ces âmes libres, indomptées, qui n'appartiennent à aucune école, à aucune coterie, et qui vont droit devant elles ayant pour champ d'études la nature entière, englobant dans leur sympathie toute l'humanité.

Nous allons essayer de définir par un exemple la tâche de l'auteur de drame historique.

Ayant examiné psychologie, philosophie de la nature, économie politique, philosophie de l'histoire, ayant médité devant tous les chefs-d'œuvre de tous les siècles ; ayant dégagé de cette immensité de phénomènes ses lois ; sachant les aspirations de son temps, ses maladies morales, ses souffrances matérielles ; ayant contemplé de haut avec une indépendance absolue le débat si grave entre l'autorité et la liberté, la science et le dogme qui agite l'époque ; ayant entendu retentir jusqu'au fond de ses entrailles les revendications des classes déshéritées et prêté une attention impartiale aux objections malthusiennes, notre artiste philosophe, nourri de toutes moelles de la pensée, en état de s'attaquer à n'importe quel sujet, impérieusement poussé, par le *démon intime,* à créer, cherche un motif de tragédie historique : ce n'est point ce qui lui fera défaut, ils sont nombreux les sujets qui flottent dans l'air, qui se trouvent du moment : on n'a qu'à choisir. Entre tous il prendra d'abord celui qui s'est depuis le plus longtemps préparé, de lui-même, dans le mystérieux laboratoire de son esprit. De trois qui lui arriveront subitement, *Richelieu*, *Guillaume le Conquérant*, *Cromwell*, prenons le premier.

Il y a quelque quinze ans nous nous sommes arrêté nous-même devant cette figure colossale, mais nous y renonçâmes alors ; nous ne faisions que pressentir Richelieu, nous ne le comprenions pas bien, il nous attirait et nous repoussait : Nous n'avions pas assez vécu. Depuis que d'autres ont joué sous nos yeux, à notre détriment, le rôle du grand cardinal et de son groupe, il nous est devenu plus intelligible.

Voici comment nous procéderions :

Premièrement, nous dégagerions, de la masse des matériaux à consulter, l'idée mère de notre travail. Quelle sera-t-elle ici? — Le bien général, la grandeur de la patrie doivent passer avant les intérêts particuliers, les passions individuelles, les amitiés même.

Pénétré à l'avance de cette philosophie de notre œuvre, nous ferons en sorte que, sans qu'il soit possible de soupçonner notre intention, cette haute et salutaire leçon s'en dégage ; car il est fort impertinent à un auteur dramatique, et tout à fait d'ailleurs en dehors des lois de l'art, de vouloir donner des leçons au public : ce sont les faits qui parlent, c'est l'histoire dont nous ne sommes, humbles poètes, que les indignes interprètes. Nous imiterons le créateur par excellence, Dieu, dont chaque œuvre renferme une philosophie et qui lui s'efface, ne se montre jamais.

L'idée mère définie nous arrêtons notre action. Quelle sera-t-elle ? Naturellement la lutte entre *Cinq-Mars* et *Richelieu*, entre l'aimable favori et le serviteur austère de l'Etat par-devant *Louis XIII* maître absolu de leur sort. Eschyle se contenterait de ces trois personnages, notre époque veut bien davantage : il lui faut d'abord un amour. Soit ! nous aurons un amour qui nous procurera quelques scènes gracieuses, fraiches oasis où nous nous reposerons des sévérités du drame. Marie de Gonzague et Cinq-Mars s'adoreront ; nous enchevêtrerons cela inextricablement à la virile action politique, de façon à ce que le tout ne fasse qu'un corps.

Ayant trié dans l'histoire les personnages et principaux et secondaires qui sont utiles à la marche de l'action, nous étudierons et définirons leurs caractères pour qu'ils deviennent typiques et se montrent constamment semblables à eux-mêmes. Richelieu, étant le principal héros de l'œuvre, y aura la part du lion, c'est-à-dire qu'il sera le point central où, dans ses flux et reflux, l'action aboutira et d'où elle partira. En cet homme s'incarnera le génie de la France d'alors : unité politique à l'intérieur, frontières naturelles et prépondérance à l'extérieur : donc la France sera l'objet même de la lutte entre les trois principaux acteurs. Voyez tout de suite à quelle hauteur nous nous plaçons. En effet, ôtez l'idée de Patrie, qui plane sur toute la tragédie, et de ses destins dont décideront les actes mêmes des personnages, l'œuvre cesse d'être épique; les passions, les acteurs, les situations se rapetissent immédiatement; le haut style ne peut plus être employé, il devient ridicule, et l'enseignement grandiose, fécond, disparaît : en réalité il n'y a plus lieu à grand art.

Cinq-Mars, tête légère, sera intéressant par quelques qualités sympathiques bien qu'assez superficielles; l'engouement, l'attachement même du roi pour lui, l'amour qu'il inspire à Marie de Gonzague, doivent être justifiés d'ailleurs. Pour que ce personnage nous captive, pour que sa chute, même méritée, nous émeuve profondément, il est indispensable qu'il nous gagne le cœur d'une façon quelconque, et alors que l'histoire nous le montrerait seulement vaniteux, fat, imprévoyant, ingrat, pour le bien de notre œuvre d'art, nous serons tenus de relever son caractère, autant que faire se pourra, sans rompre l'équilibre de la situation.

De même Louis XIII sera le Louis XIII que nous connaissons, Richelieu, le Richelieu de l'histoire, pourtant avec cette modification qu'ils dépouilleront certaines particularités trop humaines, trop basses, si j'ose dire, pour n'apparaître que dans la majesté épique ; si la tragédie est l'histoire condensée, certains caractères saillants qu'on y rencontre subiront la même loi, mais dans cette mesure savamment calculée qui, loin de porter atteinte à leur individualité, la rendra au contraire plus nette, plus accentuée, plus impressionnante : nous faisons du grand art et le procédé même de Phidias, quand il modelait, par plans sobres et à larges traits, ses dieux et ses héros, doit être le nôtre.

L'idée mère de notre tragédie, l'action, l'objet de cette action, les personnages, leurs caractères sont arrêtés, fixés, définis ; maintenant il nous reste à régler la marche de l'action, c'est-à-dire à combiner, avec tous ces éléments, une création vivante, identique dans la moindre de ses parties et si harmonieusement équilibrée, construite, que rien n'y soit superflu, que rien n'y manque, que tout s'y appelle, se commande, s'enchaîne avec une rigoureuse, une inflexible logique. Et cependant ce sera si artistement fait que l'incertain, l'imprévu s'y rencontreront. Mais nous ne ferons point, comme les vulgaires dramaturges, jaillir ces surprises des hasards de l'action (le hasard est l'ennemi absolu du grand art), ce seront les mouvements naturels de l'âme qui nous les procureront. Le bien et le mal qui arriveront à chacun par alternatives seront les conséquences de ses précédents mouvements d'âme, de ses actions antérieures : la vie organique libre, active, créatrice, engendrant la vie, circulera dans notre drame idéal comme dans un être réel, comme dans un beau cheval arabe.

Ce que nous venons de dire des conditions de l'action révèle assez les difficultés du plan, impossible d'en dresser un au pied levé, une lente gestation lui est indispensable, et si tant d'auteurs célèbres et d'un talent supérieur ont fourni à la scène des œuvres trop aisément attaquables, c'est qu'ils avaient plus ou moins improvisé leurs plans. Quand le grain de blé a été confié à la terre bien remuée et fumée préalablement, il faut laisser faire la nature ; quand nous avons confié au cerveau tous les matériaux de notre drame futur, que nous y avons solidement pensé, ne nous en occupons plus, voyageons, chassons, amusons-nous, mais ne soyons pas assez mal inspiré pour travailler avant l'heure : Au moment où nous nous y attendrons le moins, la conception entière nous arrivera d'un jet fiévreux, comme une révélation.

Donc nous ferons grâce au lecteur de la construction du plan n'y étant point préparé ici : les germes d'il y a quinze ans se sont éventés. Nous savons seulement que,

dès le premier acte, la situation se pose nettement, tous
les personnages se montrent, l'intrigue apparaît, les caractères se dessinent et nous voyons tout de suite où ils
se heurteront. Nous ne tardons pas à mettre le lion aux
prises avec les moucherons, le géant avec les nains, le génie avec l'impuissance orgueilleuse et implacablement
jalouse. Celui devant qui tremble l'Europe tremble devant des insectes, il lui faut obtenir de l'incapacité hai-
neuse et pardon de son génie et permission d'en faire pro-
fiter la France ; celui dont l'ardente pensée, le vouloir
tout-puissant, irrésistible, agite les cours étrangères, les
domine, l'en fait presque roi lui-même, se débat dans de
misérables cabales de cour, et, au moment où, par son
immense labeur, il fait de sa patrie la reine des nations,
il est près d'être chassé comme un laquais, assassiné
même et avec le consentement encore du souverain dont
il accomplit si glorieusement la tâche. Quoi de plus poi-
gnant, de plus tragique? C'est là tout le drame d'ailleurs ;
mais aussi quand acculé, abattu, près d'être étranglé
par les nains, tout à coup apparaissent d'autres géants,
Turenne, Guébriant, comme Richelieu se redresse,
comme il est vengé, comme Louis XIII a honte et comme
il redevient grand lui-même au simple contact de ces
héros qui, à ses yeux, s'inclinent, pleins d'admiration,
devant celui dont l'âme les soulève, les guide, les sou-

tient, quand ils sont là-bas, au delà des frontières, aux prises avec l'ennemi.

O histoire que tu es belle et riche et féconde !

Enseignement suprême pour notre génération : au moment où le triomphe de Richelieu sera complet, on lui apporte les clefs de Sedan !

Notre idée se justifie : — *Quand le bien de l'Etat passe avant les intérêts particuliers, les passions individuelles, les amitiés même*, la France grandit, devient la reine du monde.

Quant au dialogue de la haute tragédie, rien n'apprend à l'écrire ; plus l'âme du poète sera grande, plus il sera beau évidemment. Celui qui ne pleure pas en écrivant, qui n'éprouve pas, tour à tour, dans leur intensité, tous les sentiments de ses personnages, qui ne vit pas et passionnément, au moment où il les conçoit, leur vie imaginaire, ne réussira point le dialogue, et si son style ne lui sort brûlant du cœur comme le métal en fusion du haut fourneau, il fera bien de ne pas s'en mêler.

Et cependant il faut qu'il observe la mesure, qu'il reste naturel, qu'il emploie sobrement les mots à effet : le contraire du grand art c'est la tension perpétuelle des caractères ou des situations ; que la haute fantaisie

romanesque, dans une tragédie historique, ne se subs-
titue pas à la touchante peinture des âmes passant par
toutes les gradations des sentiments conformes à leur
condition, à leurs mœurs habituelles. Si nous désirons
remonter au grand art, abdiquons résolument les procédés trop cavaliers du *Romantisme* lequel a bravement
fait sa besogne et son temps : ça été la *Grande Révolution*
littéraire, la tourmente, la crise nécessaire à l'enfantement de la liberté ! Mais, maintenant, en art comme
en politique, de la sagesse, de la mesure. Revenons, si
possible, au dialogue de Sophocle, de Racine, et sur-
tout n'imitons pas l'inimitable Shakspeare, tout en
usant de son indépendance : c'était un tempérament et
non pas une école. Plus de liqueurs fortes, excitantes !
mais le pur et saint nectar de la poésie naturelle.

Pas de doctrinarisme non plus : n'importons point,
dans ce qui doit être de tous les temps, nos passions
du jour ; que le poète s'oublie lui-même, entre dans
son personnage, en s'effaçant, et se garde de venir
sous un déguisement, comme presque tous ceux qui,
depuis 70, ont fait la même pièce républicaine, nous
montrer des automates à grandes phrases antiques.

Dressons devant le public des hommes pétris du
même limon que lui, des hommes, chair, sang et nerfs,
débiles créatures qu'anime un principe divin, principe

souvent engourdi, évanoui : que Robespierre, quand il
est seul, hésite, se regarde dans une glace et se de-
mande, à lui-même, s'il n'est pas un monstre ; faites-
nous sentir cette force terrible, plus puissante que
toutes les volontés, toutes les hésitations humaines qui
réempoigne le fanatique, l'instrument de la Révolution,
et le rejette dans la fournaise : votre œuvre sera grande,
eschylienne, fera frémir; on sentira par derrière, dans
l'ombre, le destin qui travaille ! qui attire, à un but
fatal, l'homme agissant comme en pleine possession de
son libre arbitre.

Un philosophe, un esthéticien, un poète, voilà de
quoi se devra composer l'auteur de la tragédie nationale, le créateur de grand art.

## II

### POURQUOI RESTAURER LE GRAND ART ?

Il y a un peuple parmi les écrivains, une foule que les écrivains de race, les hommes forts, font penser au gré de leur inspiration. Si les chefs de file se trompent, tout le troupeau s'égare, et vous voyez les plus étranges aberrations s'étendre comme une épidémie : telle œuvre exagérée, incohérente, deviendra sublime, on le répétera sur tous les tons ; des esprits remarquables y seront pris eux-mêmes et en deviendront les admirateurs enthousiastes. Un ou deux coups d'aile du temps, le prestige s'évanouit, le prétendu chef-d'œuvre s'endor dans son néant.

C'est que les forts eux-mêmes ont, à notre époque, un malheur grave : ils écrivent trop, ils ne méditent pas assez ; plus d'un écrivain couche sur le papier presque la matière d'un volume chaque mois. Montesquieu a mis vingt ans à composer son *Esprit des lois*, eux ils mettraient six mois ou une année à peine. Aussi qu'arrive-t-il ? c'est que dans leur champ il ne pousse guère que de l'herbe.

Quand nous lisons la préface de l'*Esprit des lois* qui a deux pages (deux pages, pas plus !) nous nous sentons nourri, nous éprouvons une chaleur interne vivifiante, comme lorsque nous avons bu un verre de vin le plus généreux, le plus exquis.

Le contraire nous arrive quand nous parcourons les pages rapidement tracées de certains qui passent pour des maîtres dans l'art de penser et qui font et défont l'opinion ; il nous arrive d'être étonné de trouver si peu de moelle, si peu de suc nutritif dans leurs productions.

Parmi les forts du jour, il s'en trouve un qui tend à faire école, malheureusement il est un peu trop *fort de la halle* ; il se rue avec une vigueur athlétique sur les autres forts de boudoir, d'alcôve, de coulisses, les Hercules de l'adultère, de la fille ! Quand il croit avoir écrasé tout le monde, il se saoule de vin bleu dans quelque cabaret et finit par tomber dans l'alcoolisme ! Puis

d'une voix solennelle, d'un accent de prophète méconnu,
il explique au peuple ébahi la doctrine du Naturalisme.

Le plus étonnant, c'est qu'il s'imagine avoir découvert quelque chose.

Cet homme, si le cri « *la Patrie est en danger* », retentissait dans nos murs, bondirait sur son fusil, laisserait là femme et enfants et s'en irait vaillamment mourir pour la patrie !

Et cependant, cette patrie qu'il aime, qu'il adore comme nous tous, pour laquelle il donnerait son sang, chaque jour il l'empoisonne ; des hauteurs de Corneille, de Racine où l'on respire l'éther divin de l'idéal, il nous fait descendre dans les bas-fonds boueux où règne une mortelle *malaria*.

Homère aussi faisait du naturalisme, et sans le savoir, comme M. Jourdain de la prose, comme *Longus* dans sa délicieuse pastorale, comme *Bernardin de Saint-Pierr* lui-même. Le porcher d'Ulysse, son chien, le mendiant Jros, Nausicaa, la princesse, qui lavait elle-même son linge, depuis bientôt trois mille ans charmen les loisirs des générations ; dans trois mille ans, on peut le supposer, ils raviront encore de leur naïf naturel nos arrière-neveux, présumez-vous que vos héro d'hôpital traversent autant de siècles :

Parce que la nature, qui vous a doué d'ailleurs, vou

a trop sobrement muni de l'indispensable instinct de
l'idéal et que cela vous crée une infériorité, vous tour-
nez lestement la difficulté en supprimant net l'idéal.

*Que nous sert cette queue? Il faut qu'on se la coupe,*
*Si l'on me croit chacun s'y résoudra.*

Non, maître renard, nous ne nous y résoudrons pas. La
France de la chevalerie, la France de la Renaissance, la
France de la grande Révolution, la nation épique s'il
en fut, dont les plus épouvantables convulsions ne sont
que des fièvres d'enfantement d'idéal, la France libre
enfin, maîtresse d'elle-même, qui va faire son histoire
en pleine conscience de son génie; la France sœur des
opprimés, qui veut le droit, la justice, la fraternité; la
France une des ouvrières de Dieu, une de ses plus
hautes incarnations, en qui il se plaît, s'exerce, se
cherche, se formule, non, non, cette magnanime nation ne choira pas dans la crapule où vous la voulez en-
traîner sous prétexte de naturalisme, elle regravira la
montagne sacrée de l'idéal, et notre devoir, à nous autres artistes, c'est de lui tendre, tout au long de sa pé-
nible marche, la coupe où fermente, ruisselante de lu-
mière, la généreuse liqueur du Beau !

C'est que le beau est la loi même de la vie, la fin de

tout être, le but de toute forme, de toute âme ! C'était
le beau que l'Inde de Brahma, des Védas, a poursuivi,
le beau qu'a cherché l'antique Egypte sacerdotale, le
beau que la Grèce a trouvé ! Chaque civilisation est une
des manifestations de cette loi du Beau, chaque reli-
gion, chaque culte, un code d'idéal : car il faut aux so-
ciétés humaines un idéal, un type préconçu de beauté
morale sur lequel les générations se modèleront, et cet
idéal s'élargit, se purifie, s'affranchit au cours des siècles, et l'humanité, poussée par la force divine, marche
d'idéal en idéal, de cime en cime, à la beauté suprême,
à l'harmonie dernière. Parfois, d'un sommet lumineux,
en sa course éternelle, elle descend dans quelque
vallée de ténèbres, de sang et de larmes où elle s'arrête,
vallée d'exil où règnent la tyrannie, l'égoïsme et la lâ-
cheté : Ce sont les artistes, les poètes, les penseurs, les
soldats du beau et de la liberté qui l'en tirent et la re-
mettent en marche.

Toute patrie, toute mère commune d'une grande
famille humaine a son âme, de cette âme tous nous
sommes solidaires : si elle s'abaisse nous nous abais-
sons, si elle s'élève nous nous élevons. Chacun de nous
dans la mesure des forces de sa pensée, de son action
individuelle, a charge de cette âme collective : quand
l'un de nous prononce une parole malsaine ou commet

une bassesse, il porte atteinte à l'âme générale; au contraire, l'homme qui agit noblement, qui agrandit son âme personnelle, travaille à la grandeur de son pays.

Celui qui s'empare d'une place maîtresse dont il est indigne et en chasse le mérite réel, trahit la patrie, celui qui, sans y être suffisamment préparé s'insinue dans l'esprit public et y distille les sucs corrupteurs d'une pensée sans idéal, trahit la patrie; oui, celui qui publie un méchant livre, fait représenter une pièce malsaine, trahit la patrie, et tous ceux qui prêtent la main à tous ces traîtres sont des traîtres eux-mêmes.

Celui qui bouche son oreille et s'esquive, quand la sentinelle perdue jette le cri d'alarme, est un traître ! Traître à la patrie qui s'abandonne à ses vices, qui ne poursuit pas la vertu ! Et toutes ces trahisons inaperçues, isolées, sourdent lentement, se rejoignent, forment des ruisseaux, des rivières, des fleuves, et s'unissent enfin en un océan où la patrie s'effondre dans quelque infâme défaite.

Oh! non, ni pour fortune, ni pour honneurs, ni pour satisfactions de vanité, ne trahissons, pour ramasser un peu d'or n'empoisonnons pas notre mère !

Et si nous traversons une de ces ères funestes où, sous l'influence du despotisme, le goût public s'est dépravé, où rien de noble n'est plus demandé, récompensé par lui, faites comme Pélage, lorsque les Maures vainqueurs eurent envahi l'Espagne, gagnez les inaccessibles monts, et, dans l'âpre solitude, exercez vos forces, conservez vos vertus. Quand les temps seront venus vous redescendrez les Asturies de l'idéal, la hache de la vérité au poing, combattre et chasser l'infidèle ! rendre à la patrie le culte du Beau !

Il faut restaurer le grand art, parce que le grand art c'est l'idéal, c'est la haute école de philosophie, c'est la science de l'avenir puisée dans le spectacle des majestueuses scènes du passé ; parce que le grand art est un *sursum corda ;* parce que, quand les darwinistes, les positivistes, les impitoyables analyseurs frappent au cœur, de leur scalpel, l'âme infinie et menacent de livrer l'humanité aux lèpres mortelles du matérialisme, du nihilisme, aux fanges d'un prétendu naturalisme, il n'y a plus de refuge que dans l'idée du Beau; car le beau répandu à profusion dans toute la création, prouve le Créateur mieux que les plus ingénieux raisonnements, et, lorsque dans une âme vous allumez la passion du Beau, vous y faites germer Dieu !

# III

## COMMENT S'Y PRENDRE POUR RESTAURER LE GRAND ART ?

Comme la France vient de donner à la dernière Exposition universelle, la preuve d'une admirable fécondité, d'une éclatante supériorité dans les arts industriels et du dessin, il n'est permis à aucun esprit réfléchi de conclure, en voyant son théâtre et sa littérature d'imagination baisser, qu'elle subitle sort de tout peuple qui entre en décadence. Nous affirmerons plutôt que sous l'influence de la République, d'institutions libérales rigoureusement équitables, son génie trop longtemps comprimé va renaître plus brillant que jamais.

2.

Maîtres de nos destinées, il nous appartient d'édifier un théâtre spécial de drame uniquement consacré à la haute poésie historique, et qui aurait encore cet avantage de fournir au grand théâtre lyrique des sujets d'*opéras* dignes de lui.

Comment sera organisé ce théâtre? C'est un point capital et qu'un seul ne peut bien exactement éclairer. Cependant, si nous nous emparons de certains principes de droit, de justice et de prévoyance généralement admis et pratiqués partout ailleurs, nous aurons la meilleure chance de réussir à l'entrevoir. — Ainsi, à l'école des Beaux-Arts, vous avez pour directeur un artiste éminent, membre de l'Institut; à la tête des armées, si nous entrions en campagne, nous mettrions un général en chef qui déjà aurait prouvé sa supériorité sur les autres; si nous avions même à nommer un président de la République, nous offririons évidemment cette place au citoyen qui, par la solidité de son caractère, par ses lumières appropriées, par sa capacité prouvée, reconnue, nous donnerait les meilleures garanties pour le salut de la chose publique. Donc, nous confierons la haute administration de notre théâtre historique national au plus capable; mais, comme nous sommes en République, et que nous voulons éviter les procédés autocratiques, parfois très heureux, mais trop souvent fort

désastreux, quelque soit le mérite bien établi de notre
directeur, nous n'abandonnerons pas à sa discrétion le
choix des œuvres à représenter. Là encore nous aurons
recours aux grands principes de droit public consacrés
pour tous les autres arts, aussi bien industriels que du
dessin et dont on n'a qu'à se louer.

Nons aurons un jury nombreux, libre, pris hors du
théâtre, composé d'individualités éminentes et renou-
velé tous les ans.

Comme le drame épique se compose et d'histoire et
de philosophie et de littérature purement dramatique,
nous admettrons dans notre jury des historiens, des phi-
losophes, des critiques de profession, de bons acteurs,
diverses sortes de littérateurs.

Les admissions d'œuvres subiront forcément diverses
phases si nous désirons éviter les erreurs, si nous voulons que *le salut de l'art passe avant les intérêts particuliers,
les passions personnelles, les amitiés même.*

D'abord pour écarter de simples lycéens, les rhéteurs,
les présomptueux ridicules, on n'accordera lecture à
haute voix, de son œuvre, devant le jury qu'à l'auteur
qui, enfermé en loge préalablement, aura écrit quelques
vigoureuses pages sur tel ou tel sujet désigné de poésie
dramatique, d'esthétique spéciale, de philosophie de
l'histoire.

Qui ne saurait écrire comme il convient sur les passions, sur la science de l'art, sur la philosophie, saura-t-il donc créer la haute tragédie nationale, laquelle n'est qu'un résumé de ces diverses connaissances ? « *Montrez-moi patte blanche ou je n'ouvrirai point.* »

Nous voilà donc débarrassés par cette simple précaution des cerveaux vides ou brûlés. Les rangs des compétiteurs s'éclaircissent, mais ils deviennent sérieux. Le mérite qui ne savait jadis comment obtenir attention est seul admis désormais à parler.

La première épreuve honorablement subie, toujours devant un jury : Pas de jugements secrets ! Notre auteur sera invité à lire sa pièce devant le comité spécial composé, comme il est dit ci-dessus, d'artistes et de penseurs, auxquels il ne serait peut-être pas maladroit d'adjoindre un certain nombre de personnes du sexe féminin ; elles seront d'excellents juges de cette partie de l'œuvre qui sera de pur sentiment : les hommes de pensée, souvent ont la sensibilité émoussée par la bataille de la vie, mais les femmes on ne les trompe pas sur les choses du cœur.

Ce système d'un jury si large, si compétent, si au grand jour, à tous ces avantages joindra celui de supprimer la nécessité de la *Censure,* le danger de son *veto.*

Enfin si nous ne préconisons pas le mode des concours c'est que, tout en l'admettant, tout en le croyant efficace dans une mesure, réflexion faite, nous en redouterions l'abus. Ainsi que nous l'avons exposé, en passant, dans la première partie de ce travail, les poètes de tempérament ne créent pas indifféremment tout sujet : selon l'époque de leur vie, selon le milieu où ils se trouvent, selon les événements qu'ils traversent, enfin selon leur génie propre, tel ou tel sujet s'imposera à eux. Molière créera spontanément *le Misanthrope*, Gœthe le *Faust*, Schiller *Don Carlos*, Shakspeare son incomparable *Othello*. Alors que nous voulons susciter des poètes, gardons-nous de gêner le libre essor de la poésie.

Un tel théâtre national *des vivants*, selon l'expression d'un éminent défenseur de nos libertés, relèverait promptement le goût public : comme un chêne immense, il envahirait toute la scène française et ferait mourir le faux art. Cependant nous serions inquiet si l'on portait autrement atteinte à la liberté des théâtres : ces honorables entrepreneurs de spectacles qui cherchent le succès dans les féeries de la mise en scène, travaillent pour nous, en définitive; ils perfectionnent la partie matérielle, extérieure, le revêtement, le machinisme de l'art. Laissons-les faire. Qui sait? Peut-être le salut reviendrait-il de là, si, avec le temps, le nouveau temple de l'art, retombé à la discrétion d'un seul, dégénérait encore en simple ferme, ou en pachalik !

« *Athènes est une ville inexpugnable, Athènes contient des hommes, c'est là le rempart invincible.*», s'écrie, dans sa tragédie des *Perses*, le soldat de Marathon, de Platée, de Salamine !

Travaillons donc à faire des hommes, à pétrir nos cœurs d'héroïsme et de vérité, parce qu'en effet si une nation, asservie dans de lâches jouissances, se trouve désarmée et succombe au jour de l'invasion, des poitrines, remplies de la passion de la liberté et de l'amour du beau, sont l'inexpugnable rempart de la Patrie !

ERNEST ALLARD.

Janvier, 1879.

F. Aureau. — Imprimerie de Lagny.

# TABLE DES MATIÈRES



FIN DE LA TABLE


F. Aureau. — Imprimerie de Lagny.